Inhalt

Immobilienanlagen - können sie vom Interesse an Sachwerten profitieren?

Kernthesen

Beitrag

Fallbeispiele

Weiterführende Literatur

Impressum

Immobilienanlagen – können sie vom Interesse an Sachwerten profitieren?

Thomas Trares

Kernthesen

- Reale Immobilien sind aufgrund der Euro- und Finanzmarktkrise wieder gefragt.
- Indirekte Immobilienanlagen können davon jedoch kaum profitieren.
- Die offenen Immobilienfonds befinden sich seit Jahren in der Krise.
- Auch an geschlossenen Immobilienfonds ist das Interesse gering.
- Immobilienaktien mussten Federn lassen, könnten aber die Trendumkehr schaffen.

Beitrag

Reale Immobilienmärkte boomen

Die Finanzkrise, Inflationsängste, drohende Staatspleiten und die unsichere Lage an den Kapitalmärkten sorgen für eine Flucht in Sachwerte, also auch in Immobilien. Vor allem in Deutschland gelten die Immobilienmärkte als sicherer Hafen. Ablesen lässt sich dies an den Direktinvestitionen in Wohn- und Gewerbeimmobilien in den guten Lagen. Fraglich ist jedoch, ob von dieser Entwicklung auch die mit Immobilien verbundenen Finanzprodukte profitieren können. Offene Immobilienfonds befinden sich seit längerem in der Krise. Immobilienaktien mussten in den vergangenen Jahren ebenfalls deutlich Federn lassen. Und die Reits sind seit ihrer Einführung 2007 deutlich hinter den Erwartungen zurückgeblieben. (3)

Offene Immobilienfonds in der Dauerkrise

Die offenen Immobilienfonds befinden sich bereits seit Herbst 2008 in der Krise. Damals mussten mehr als ein Dutzend Fonds vorübergehend schließen, da die Fondsmanager ihre Anleger nicht mehr auszahlen konnten. Nun hat die Krise einen weiteren Höhepunkt erreicht. Mit dem vier Milliarden Euro schweren Kanam Grundinvest wird der bislang größte Fonds aufgelöst, daneben auch der Kanam US-Grundinvest. Fonds auflösen mussten auch Gesellschaften wie Aberdeen, Morgan Stanley und TMW Pramerica. Insgesamt steht derzeit ein Immobilienvermögen von 10,5 Milliarden Euro zum Verkauf. Das entspricht 12,35 Prozent der in offenen Immobilienfonds investierten Sparvermögen. (1), (2)

Geschlossene Immobilienfonds wenig gesucht

Auch bei den geschlossenen Immobilienfonds läuft es nicht rund. Trotz Krise ist die Nachfrage verhalten. Das mag an den Nachteilen dieser Fondsgattung liegen. Dies sind hohe Gebühren, ein hohes Risiko, eine lange Kapitalbindung und eine begrenzte Fungibilität. Zudem zählen geschlossene Immobilienfonds zum grauen Kapitalmarkt, der keiner staatlichen Regulierung unterliegt. Das lockt windige Anbieter an. Bei geschlossenen Immobilienfonds sammeln die Initiatoren von Anlegern Eigenkapital für die Finanzierung eines Immobilienprojekts ein. Wenn die erforderliche Summe eingeworben ist, wird der Fonds geschlossen und das Kapital bleibt für die vereinbarte Laufzeit, meist zehn bis 15 Jahre, gebunden. Am Kapitalmarkt spielen geschlossene Immobilienfonds nur eine untergeordnete Rolle. (5), (8)

Immobilienaktien vor Trendumkehr?

Die deutschen Immobilienaktien sind in den vergangenen Jahren schwer unter die Räder gekommen. Zum Teil gab es Abschläge von 90 Prozent. Nun aber könnte sich eine Trendwende anbahnen. Dafür spricht, dass viele Firmen an der Börse mit starken Abschlägen auf den Wert ihrer Wohnungs- und Bürobestände gehandelt werden. Ferner haben viele Unternehmen in ihren Bilanzen die Refinanzierungsrisiken abgebaut. Und weil am Markt nur wenig neue Objekte gebaut werden, müsste sich der drohende Mangel an Immobilienflächen eigentlich positiv auf die Kurse auswirken. (3), (4)

Reits stoßen auf geringes Interesse

Eine weitere indirekte Anlageform sind die Real Estate Investment Trusts (Reits). Dies ist eine börsennotierte, steuerbegünstigte Immobiliengesellschaft. Um den Reit-Status zu erlangen, muss die jeweilige Gesellschaft im Hinblick auf ihr Anlagevermögen, ihre Erträge und ihr Ausschüttungsverhalten bestimmte Voraussetzungen erfüllen. So müssen Reits 90 Prozent des Gewinns an die Aktionäre ausschütten. Damit soll sichergestellt werden, dass die Dividendenrendite höher ist als bei konventionellen Immobilienkonzernen. Was als Modell für Anteilseigner attraktiv klingt und sich in Großbritannien oder in den USA längst etabliert hat, fristet hierzulande immer noch ein Nischendasein. Bislang sind in Deutschland mit Alstria Office, Fair Value und Hamborner nur drei Reits gelistet. (3)

Trends

Bei den offenen Immobilienfonds gibt es eine gespaltene Entwicklung. In Schieflage sind ausschließlich Fonds geraten, die über kein großes Filialnetz zum Vertrieb der Produkte verfügen. Dagegen sammeln Fondsgesellschaften von großen Bankmüttern hohe Summen ein. Deswegen musste kein offener Immobilienfonds der Commerzbank, der Deutschen Bank, des Sparkassenfondsanbieters Deka oder der genossenschaftlichen Union Investment eingefroren werden. (1), (2)

Die Kurse der in Deutschland gelisteten Immobilienaktien konnten von der hohen Nachfrage nach realen Immobilien bislang kaum profitieren.

Abzulesen ist dies am DIMAX Deutschland-Index, der aus neun Immobilienwerten besteht, darunter Deutsche Euroshop, GSW Immobilien und Deutsche Wohnen. Der Index verlor auf Jahressicht 16 Prozent (Stand Anfang Februar 2012). Der DAX lag in dieser Zeitspanne nur rund acht Prozent im Minus. Vieles spricht jedoch dafür, dass sich der Trend in diesem Jahr umkehrt. (4), (6)

In den vergangenen fünf Jahren haben Anleger mit deutschen Immobilienaktien nur Geld verbrannt. Einzige Ausnahme war die Deutsche Euroshop. Besonders schwach entwickelten sich die IVG und die Colonia, deren Kurse seit 2007 um zirka 90 Prozent abstürzten. Nun dürfte der Boden aber erreicht sein. Wackelkandidaten sind zurzeit die IVG und Gagfah. (7)

Offene und geschlossene Immobilienfonds werden ihre Berechtigung als Immobilienanlage zwar behalten, ihre Bedeutung dürfte künftig aber zurückgehen. Mittelfristig dürften Immobilienaktien und Reits an Bedeutung gewinnen. International sind diese beiden Gattungen bereits die bevorzugte Form der indirekten Immobilienanlage. (5)

Die Nachfrage nach geschlossenen Immobilienfonds ist weiter schwach. Im dritten Quartal 2011 sammelten die Mitglieder des Verbandes Geschlossene Fonds (VGF) knapp 667 Millionen Euro Eigenkapital ein. Das sind 19 Prozent weniger als im ohnehin schon schwachen dritten Vorjahresquartal. (8)

Fallbeispiele

Sowohl der Kanam US-Grundinvest als auch der Kanam Grundinvest werden aufgelöst. Der Kanam Grundinvest ist mit fast vier Milliarden Euro der größte offene Immobilienfonds, der in die Auflösung geht. Er soll bis Ende 2016 abgewickelt werden. Damit wird genau jenes Branchenprodukt abgewickelt, das von den Immobilienfonds in der vergangenen Dekade die höchsten Gewinne erzielt hatte. (1), (2)

Mit dem CS Euroreal der Schweizer Bank Credit Suisse und dem SEB Immoinvest der schwedischen SEB sind zwei weitere Schwergewichte eingefroren. Sie bringen jeweils gut sechs Milliarden Euro auf die Waage. Auf sie dürfte sich die Entscheidung von Kanam, ihre beiden Fonds aufzulösen, negativ auswirken: Der CS Euroreal muss bis Mitte Mai wiederöffnen, der SEB Immoinvest bis Anfang Mai. Immobilienfonds dürfen maximal zwei Jahre lang die Rücknahme von Anteilen aussetzen. SEB und Credit Suisse betonen beide, weiterhin die Öffnung ihrer Fonds anzustreben. Die zwei Immobilienfonds müssen weitere Gebäude verkaufen, um über ausreichend Liquidität zu verfügen, wenn im Fall einer Wiedereröffnung viele ausstiegswillige Kunden ihre

Anteile zurückgeben. (1)

Immobilienaktien waren in diesem Jahr wieder gefragt. Angelsächsische Investoren haben ihr Engagement bei Konzernen wie Deutsche Wohnen, GSW, TAG und Deutsche Euroshop erhöht. Der Grund: Die Titel werden mit einem Abschlag von durchschnittlich 35 Prozent auf den Wert ihrer Immobilien (Net Asset Value) gehandelt. Ausnahmen sind der Mietshausbesitzer Deutsche Wohnen und der Shoppingcenter-Betreiber Deutsche Euroshop, deren Börsenkapitalisierung nahe am Wert ihrer Immoportfolios liegt. (3)

Dass geschlossene Fonds ihre Tücken haben, mussten die Anleger des CFB-Fonds 130 erfahren. Die Initiatorin gehört zur Commerzbank-Gruppe. In dem Fonds war mit hohem Anteil der frühere Hauptsitz der Deutschen Börse in Frankfurts Stadtteil Hausen enthalten. Doch dann lockte das nahegelegene Eschborn mit niedrigeren Steuern, die Deutsche Börse kündigte den Vertrag und zog im Frühjahr 2010 aus. Auf der Gesellschafterversammlung des CFB-Fonds 130 im September 2011 mussten die Zeichner vernehmen, dass es trotz intensiver Bemühungen schwierig ist, einen Nachmieter für das Großobjekt zu finden. Die Kosten für die Immobilien laufen dennoch weiter. (9)

Weiterführende Literatur

(1) Drei, zwei, eins ... - war's das? FONDS Mit dem Kanam Grundinvest wird ein großer Immobilienfonds aufgelöst - ein böses Omen für die Konkurrenten
aus Börse online vom 08.03.2012, Seite 36-37

(2) Das große Sterben der offenen Immobilienfonds
aus Ärzte Zeitung Nr. 40 vom 05.03.2012, Seite 13

(3) Renaissance des Betongolds Immobilienaktien Trotz exzellenter Konjunkturaussichten werden deutsche Immobilienfirmen an der Börse mit starken Abschlägen auf den Wert ihrer Wohnungs-und Bürobestände gehandelt. Das bietet Chancen
aus Euro am Sonntag, 25.02.2012, Nr. 8, S. 16 - 17

(4) Trendumkehr bei Immobilienaktien und REITs
aus Immobilien & Finanzierung - Der Langfristige Kredit 05/06 vom 01.03.2012

(5) Das Ende einer Illusion ESSAY II" IMMOBILIENFONDS Nachdem viele der Offenen Immobilienfonds in Deutschlandentweder Anlegern ihre Anteile nicht auszahlen oder inzwischen schon in Abwicklung sind, ist es Zeit, einen kritischen Blick auf die Anlageklasse zu werfen, meint Gastautor MARIO CAROLI. Er verweist auf die nötigen Bewertungskorrekturen und nennt Alternativen bei Immobilieninvestments

aus Euro am Sonntag, 18.02.2012, Nr. 7, S. 63

(6) Auf Beton und Steine bauen
ZERTIFIKATEJOURNAL Immobilien Deutsche Immobilienaktien haben Nachholpotenzial. Ein Index-Tracker und ein Bonuszertifikat auf die Deutsche Euroshop sind erste Wahl
aus Euro am Sonntag, 04.02.2012, Nr. 5, S. 55

(7) Immobilienaktien im Bann des Bären
aus Immobilien Zeitung Nr. 05 vom 02.02.2012 Seite 6

(8) Geschlossene Immobilienfonds NEUE VIELFALT
aus Focus Money, 14.12.2011; Ausgabe: 51; Seite: 84-87

(9) Festes Fundament gesucht Anleger interessieren sich bei den unternehmerischen Beteiligungen vor allem für Immobilienfonds in Deutschland. Manche Risiken unterschätzen sie aber
aus Börse online vom 24.11.2011, Seite 66-68

Impressum

Immobilienanlagen - können sie vom Interesse an Sachwerten profitieren?

Bibliografische Information der deutschen Nationalbibliothek

Die Deutsche Nationalbibliothek verzeichnet diese Publikation in der deutschen Nationalbibliografie; detaillierte bibliografische Daten sind im Internet über http://dnb.d-nb.de abrufbar.

ISBN: 978-3-7379-0641-8

© 2015 GBI-Genios Deutsche Wirtschaftsdatenbank GmbH, Freischützstraße 96, 81927 München, www.genios.de

Alle Rechte vorbehalten. Dieses Werk ist einschließlich aller seiner Teile – z.B. Texte, Tabellen und Grafiken - urheberrechtlich geschützt. Jede Verwertung außerhalb der Grenzen des Urheberrechtsgesetzes bedarf der vorherigen Zustimmung des Verlags. Dies gilt insbesondere auch für auszugsweise Nachdrucke, fotomechanische

Vervielfältigungen (Fotokopie/Mikroskopie), Übersetzungen, Auswertungen durch Datenbanken oder ähnliche Einrichtungen und die Einspeicherung und Verarbeitung in elektronischen Systemen.